D1723880

Ein Bilderbuch von Christine Jüngling
mit Bildern von Jann Wienekamp

Christine Jüngling - Jann Wienekamp

Das Zaubermittel

oder Wie man fast alles schaffen kann,
wenn man es sich nur zutraut

albarello

„**K**ai, du bist dran“, sagt die Kindergärtnerin. Kai hat sich ganz hinten angestellt mit etwas Abstand zu den anderen Kindern und hofft, dass er vergessen wird. Aber jetzt hat ihn die Kindergärtnerin ermahnt und er muss über diesen riesigen Holzkasten springen. Alle Kinder waren schon dran und alle haben es geschafft.
Kai hat Angst. Er hat oft Angst, eigentlich fast immer. „Das schaffe ich nie“, murmelt er.
Die anderen Kinder lachen. „Unser kleiner, schwacher Kai traut sich nie“, spottet Carlo, der größte Junge im Kindergarten. Er ist genauso alt wie Kai, aber fast zwei Köpfe größer. „Na, nun spring schon, du Angsthase!“, ruft Sven. „Sonst stehen wir morgen noch hier.“
Zögernd läuft Kai los, doch er ist viel zu langsam und der Schwung reicht nicht aus, um über den Kasten hinwegzuspringen. Deshalb bleibt Kai oben auf dem Kasten sitzen und schämt sich, wie er es oft tut.
Die anderen Kinder und sogar seine Kindergärtnerin lachen über den kleinen Kai auf dem großen Kasten. Aber Kai ist gar nicht zum Lachen zu Mute, ihm kommen fast die Tränen.

Eigentlich hat Kai nur einen Freund, und das ist sein Großvater. Zu ihm kann Kai immer gehen, wenn er traurig ist. Auch heute geht Kai wieder zu ihm und weint ein bisschen, während der Opa ihn fest in seine Arme schließt.
„Ach, Opa", schluchzt Kai. „Am liebsten würde ich nie mehr in den Kindergarten gehen, dort mag mich sowieso keiner. Alle lachen mich aus, weil ich so ängstlich bin."
„Auch kleine Jungen können stark sein", antwortet der Großvater, „und du auch. Da bin ich ganz sicher."
„Kannst du mir nicht helfen, mutiger zu werden?", fragt Kai.
„Mal sehen, was sich machen lässt", sagt der Großvater. „Aber ich brauche etwas Zeit zum Nachdenken. Komm doch morgen wieder zu mir."

Am nächsten Morgen ist Kai sehr müde, als ihn seine Mutter weckt.
„Ich mag gar nicht in den Kindergarten gehen", sagt er. „Heute soll jedes Vorschulkind eine Strophe von einem Gedicht aufsagen, da machen sich wieder alle lustig über mich."
„Aber warum denn das?", fragt die Mutter. „Du hast es doch so gut gelernt."
„Ja, schon, aber wenn mich alle so angucken, fange ich bestimmt an zu stottern", jammert Kai.

Im Kindergarten ist es dann genau so, wie Kai es gesagt hat: Als die Kindergärtnerin ihn auffordert, seine drei gelernten Sätze aufzusagen, bekommt er einen roten Kopf und gerät sofort ins Stocken, als er die vielen Gesichter vor sich sieht. Kai bemerkt, wie die anderen Kinder über ihn kichern. Er fängt an zu weinen und läuft schnell aus dem Gruppenraum. Ganz einsam und unglücklich fühlt er sich. „Sogar Nina hat gelacht", denkt er zornig, „und ich habe gedacht, sie wäre meine Freundin."

DE
IJK
OP
TUV
Z,.

„**V**ielleicht", denkt Kai, „hat Opa ja heute einen Rat für mich."
Deshalb läuft er auch gleich nach dem Kindergarten zu Opa, um ihn zu fragen. „Opa, Opa, ist dir etwas eingefallen, das mir helfen könnte?"
„Tja", antwortet der Großvater, „ich habe da etwas ganz Tolles für dich erfunden, Kai. Das wird dir sicher helfen."
Und er geht an den Küchenschrank, um ein kleines, blaues Fläschchen herauszuholen, das er Kai in die Hand drückt.
„Was ist denn das?", fragt Kai ihn.
„Das, mein Kind, ist etwas ganz Besonderes", antwortet der Großvater.
„Es ist ein Zaubermittel! Wenn du jeden Morgen einen winzigen Schluck davon trinkst, wirst du an diesem Tag mutig und stark sein."
„Wirklich?" Kai ist ungläubig.
„Ganz sicher, dieser Zaubertrank wirkt immer."
„Danke, Opa. Gleich morgen werde ich einen Schluck davon nehmen. Mal sehen, was passiert."
Abends hat Kai gute Laune, weil er sich schon auf den nächsten Morgen freut. Er schläft schnell ein und träumt davon, ein mutiges Kind zu sein, das bei allen beliebt ist.

Sehr früh wird Kai am nächsten Morgen wach.
Er ist furchtbar aufgeregt und läuft ins Badezimmer. Nur noch waschen, Zähne putzen, anziehen und dann ... Ja, dann nimmt er den ersten Schluck vom Zaubertrank.
„Schmeckt eigentlich nach nichts“, denkt Kai, aber wirken wird es bestimmt, da ist er sich ganz sicher. Sein Großvater hat es ihm versprochen und was der verspricht, das hält er auch.

Bereits auf dem Weg zum Kindergarten fühlt Kai sich toll.
Und schon gleich kann er die Wirkung testen. Ein Mann mit einem riesigen Hund kommt ihm auf dem Bürgersteig entgegen.
Doch heute wechselt Kai nicht die Straßenseite, wie er es früher aus Angst vor dem Hund getan hätte.
Heute grüßt Kai den Mann freundlich und nichts passiert, rein gar nichts.
Der Hund läuft an ihm vorbei, ohne ihn anzufallen, und Kai hatte überhaupt keine Angst vor ihm.

3
1

Im Kindergarten wundern sich die anderen Kinder heute über Kai, weil er so gute Laune hat. Er ist nicht so still und schüchtern wie sonst immer. Nein, er plaudert und lacht sehr viel.
Im Stuhlkreis lernen die Kinder heute ein neues Lied. Kai kennt es schon, er hat es mit seiner Mutter schon oft gesungen. Als er das der Kindergärtnerin erzählt, freut sie sich und sagt: „Das ist ja prima, Kai. Dann sing es uns doch einmal vor."
Alle machen sich darauf gefasst, dass Kai gleich wieder in Tränen ausbricht. Doch als er anfängt zu singen, können es die Kinder und auch die Kindergärtnerin kaum glauben. Kai singt mit einer wunderschönen, klaren Stimme alle fünf Strophen des Liedes, ohne auch nur einmal ins Stocken zu geraten. Es ist ganz still im Raum, weil Kai so schön singt. Und deshalb klatschen auch alle Kinder begeistert Beifall, als Kai fertig ist.
Kai ist glücklich. Zum ersten Mal seit langem ist er richtig glücklich und er strahlt über das ganze Gesicht.

Draußen spielen die Jungen wieder Fußball. Doch heute setzt sich Kai nicht auf die Holzbank, um zuzuschauen.
Er geht auf die anderen zu und fragt laut: „Darf ich heute mal mitspielen? Ich habe so lange nicht Fußball gespielt."
„Du?", fragt Tim zurück. „Du hast doch Angst vor dem Ball."
„Ach, ich versuch's einfach mal", sagt Kai. Und das tut er dann auch.

Noch nie hat Kai Fußball spielen so viel Spaß gemacht. Es zeigt sich, dass er ein flinker Läufer ist, der oft vor seinem Gegner den Ball erreicht.
Die Mannschaft, in der Kai gespielt hat, gewinnt 5 : 0, und von den fünf Toren hat alleine Kai drei geschossen.
Selbst Tim ist sehr beeindruckt.

Fröhlich geht Kai nach dem Kindergarten mit den anderen Kindern nach Hause.
Dort angekommen, rennt er schnell die Treppe hinauf zu Opas Wohnung.
Kaum hat er die Tür geöffnet, ruft Kai ihm schon atemlos entgegen:
„Opa, Opa, das Zaubermittel hat gewirkt! Ich bin mutig geworden.
Ich habe keine Angst mehr und ich kann viel mehr, als alle denken,
und vor allem viel mehr, als ich je gedacht habe!"
Stürmisch wirft sich Kai in die Arme seines Großvaters.
„Na, siehst du, Kai", sagt der Opa, „ich habe es doch gesagt:
Dieser Zaubertrank wirkt immer."
„Ich freue mich schon auf morgen", sagt Kai. „Da habe ich nämlich
Schwimmkurs und ich möchte doch so gerne wissen, wie es ist,
vom Sprungbrett zu springen."
Der Großvater lächelt seinen Enkel an. „Ja", sagt er, „das kannst du mir
dann sicher morgen erzählen."

Im Schwimmkurs am nächsten Tag fragt der Schwimmlehrer lachend:
„Na, wer ist denn heute der Mutigste und springt zuerst vom Sprungbrett?"
Heute melden sich zwei Kinder. Carlo natürlich und, man glaubt es kaum, der kleine Kai.
„Na, Kai, dann zeig mal, was du kannst", sagt der Schwimmlehrer überrascht.
Die anderen Kinder beobachten gespannt, wie Kai die Leiter vom Sprungbrett hinaufklettert.
Wird Kai wirklich springen, wo er doch immer so ängstlich ist?
Nun steht Kai am Ende des Sprungbretts. Er schaut nach unten, zögert nur einen kleinen Moment lang und dann springt er kerzengerade ins Wasser.
Die anderen Kinder klatschen.
„Toll, Kai, du hast es geschafft!", ruft Tobias ihm zu.
Kai schwimmt zurück zum Beckenrand und steigt aus dem Wasser.
Er hat Herzklopfen vor lauter Freude.

Jeden Morgen trinkt Kai heimlich einen kleinen Schluck aus seinem Fläschchen.
Er hat es in der hintersten Ecke vom Badezimmerschrank versteckt.
Immer öfter traut er sich Dinge, die er früher nie getan hätte.

An einem schönen Nachmittag hat Kai sich mit seinen Freunden auf dem Spielplatz verabredet.
Kai und die anderen Kinder sehen, wie ein paar große Jungen einen kleineren ärgern. Die Großen halten sein Fahrrad fest und einer versucht sogar, den Kleinen vom Fahrrad zu ziehen. Dabei lachen die großen Jungen.
Kai erinnert sich nur zu gut daran, wie es ihm früher erging. Und ohne lange zu überlegen, läuft er hinüber, um dem Kleinen zu Hilfe zu kommen.
„Ihr seid ja gemein", sagt er, „gemein und feige. Drei gegen einen, der noch dazu viel kleiner ist als ihr. Ich würde mich schämen, wenn ich an eurer Stelle wäre!"
Und während die drei Großen ihn noch verwundert anstarren, schubst Kai sie auseinander, um den kleinen Jungen zu befreien.
Alle, die zugeschaut haben, staunen.
Am meisten aber staunt Kai über sich selbst. Er ist wirklich richtig mutig geworden und fühlt sich ganz großartig.
„Das habe ich alles Opas Zaubermittel zu verdanken", denkt Kai oft.

Eines Tages, an einem regnerischen Morgen, steht Kai im Badezimmer und sucht etwas verschlafen nach seinem Fläschchen im Schrank.
Er holt es heraus und da ist es auch schon passiert.
Das Fläschchen rutscht Kai aus den Fingern und fällt zu Boden, wo es in tausend Stücke zerspringt.
Fassungslos starrt Kai auf die Scherben.
„Jetzt ist alles aus“, denkt er. „Ohne das Zaubermittel wird es mit meinem Mut vorbei sein. Was mach ich jetzt nur? Ich muss zu Opa gehen. Vielleicht kann der mir helfen.“

„**O**pa, Opa! Etwas ganz Furchtbares ist passiert! Ich habe kein Zaubermittel mehr. Die Flasche ist mir runtergefallen. Du musst mir unbedingt einen neuen Zaubertrank mischen, ja, Opa? Bitte!"
„Mein lieber Kai", antwortet der Großvater, „das kann ich leider nicht. Es wird kein neues Zaubermittel geben!"
„Aber ...", schluchzt Kai, „ich brauche es doch unbedingt, sonst bin ich nicht mehr mutig und alles wird so sein wie früher."
„Nein, Kai, das wird es nicht!" Der Großvater nimmt Kai in seine Arme. „Du brauchst jetzt kein Zaubermittel mehr. Du hast bewiesen, dass du mutig sein kannst, wenn du nur willst."
„Aber das hat doch nur mit dem Zaubermittel geklappt!", sagt Kai unglücklich.
„Bestimmt nicht, Kai. Es war nämlich in Wirklichkeit gar kein Zaubertrank in deinem Fläschchen, sondern einfach nur - Leitungswasser", sagt der Großvater. „Du alleine hast es mit eigener Kraft und deinem Willen geschafft, ein richtig mutiger Junge zu werden."

Kai weiß nicht so genau, ob er jetzt lachen oder weinen soll.
Es war überhaupt kein Zaubermittel, das er jeden Morgen getrunken hat, sondern Leitungswasser?
„Aber es hat doch gewirkt!“, sagt er.
„Ja, sicher“, der Großvater lächelt ihn liebevoll an, „aber nur, weil du fest daran geglaubt hast, dann wirkt so etwas immer. Glaube mir, ich weiß, wovon ich spreche. Auch ich war als Junge nicht gerade mutig und habe sehr darunter gelitten. Mein Vater war es, der mir damals geholfen hat. Er schenkte mir einen Mutmach-Tiger. Es war ein ganz normales Kuscheltier, aber das wusste ich nicht. Mir gab er Mut und Stärke.“
Der Großvater geht zu seinem Küchenschrank und holt etwas Schwarz-Gelbes aus der Schublade.
„Letzte Woche habe ich genau so einen Mutmach-Tiger im Schaufenster eines Spielzeugladens entdeckt“, sagt er, „ich musste ihn einfach kaufen. Denn auch wenn man groß und alt ist, braucht man manchmal so einen Tiger. Aber jetzt schenke ich ihn dir, Kai!“
Er drückt seinem Enkel den kleinen, weichen Plüschtiger in die Hand.
„Du weißt jetzt, dass du mutig und stark sein kannst, wenn du nur willst, und ich bin mir ganz sicher, dass es so bleibt. Der Mutmach-Tiger soll dich immer daran erinnern.“

CHRISTINE JÜNGLING

wurde 1963 in Frankfurt am Main geboren. Nach ihrer Ausbildung zur Fremdsprachenkorrespondentin lebte sie schon in einigen europäischen Hauptstädten. Seit einigen Jahren schreibt sie Kindererzählungen und heitere Familiengeschichten. Zur Zeit wohnt sie mit ihrem Mann und den vier Söhnen in Kaarst.

JANN WIENEKAMP

wurde 1971 in Wülfrath geboren. Nach einer Lehre als Maler arbeitete er unter anderem in Fabriken, in Kinos, als Spielzeugverkäufer und als Straßenmaler. Heute lebt er in Düsseldorf, wo er Bücher für Kinder illustriert.

Der Bilderbuch-Hit zum Thema Schnuller,
von Bärbel Spathelf und Susanne Szesny:

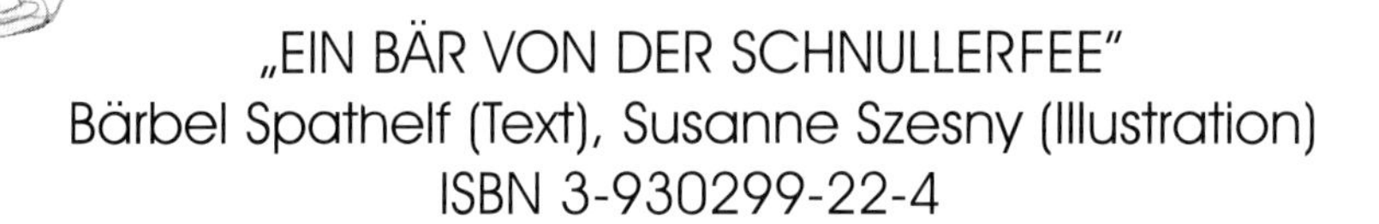

„EIN BÄR VON DER SCHNULLERFEE"
Bärbel Spathelf (Text), Susanne Szesny (Illustration)
ISBN 3-930299-22-4

In diesem Bilderbuch geht es um Katharina, die große Schwester von Stefanie. Katharina kann sich einfach nicht von ihrem Schnuller trennen. Doch eines Nachts bekommt Katharina Besuch von der Schnullerfee. Die Fee schlägt ihr einen Tausch vor. Wenn Katharina ihr den Schnuller gibt, darf sich Katharina etwas wünschen. Zunächst lehnt Katharina ab. Doch schon bald schreibt sie einen Brief an die Fee, in dem sie sich einen Teddybären wünscht. Und als die Fee erneut kommt, schafft es Katharina, ihren Schnuller aufzugeben.

Zum Thema 'Daumenlutschen' von den selben Autorinnen:
„PHILIP UND DER DAUMENKÖNIG"
Originalausgabe, ISBN 3-930299-26-7

Originalausgabe

Neue Rechtschreibung
ISBN 3-930299-67-4

Albarello - Für Kinder die schönsten Bücher.
Weitere Bilderbuch-Hits:

„DIE KLEINEN STREITHAMMEL"
oder Wie man Streit
vermeiden kann.
Susanne Szesny (Illustration),
Bärbel Spathelf (Text)
Originalausgabe
mit Plüsch-Streithammel
ISBN 3-930299-62-3

Philip und Katharina streiten sich. Doch plötzlich trauen die beiden ihren Augen nicht. Denn als sie so richtig wütend streiten, tauchen auf ihren Schultern zwei Streithammel auf, die versuchen den Streit noch anzufachen, indem sie den beiden Kindern gemeine Sachen ins Ohr vorsagen. Denn je größer der Streit ist, desto größer und mächtiger werden auch die Streithammel. Verträgt man sich allerdings, verlieren die Streithammel zunächst ihre spitzen Hörner und werden schließlich zu kleinen, friedlichen Lämmern. Aber wenn sie erst einmal da sind, wird man sie nur schwer wieder los ...
Doch schließlich haben Katharina, Philip und ihre Mutter eine tolle Idee: Damit die Streithammel erst gar nicht auftauchen, stellen sie eine Liste von Regeln zusammen, die Streit vermeiden helfen, sodass die Streithammel erst gar keine Chance mehr bekommen aufzutauchen und die Kinder ohne Streit miteinander spielen können.

„GUT SO; HEXE POLLONIA"
oder Warum beim schönsten Fest
nur die gute Laune zählt
Susanne Szesny (Illustration),
Angelika Diem (Text)
Originalausgabe
mit Plüsch-Affen
ISBN 3-930299-66-6

Hexe Pollonia lebt zufrieden in ihrem kleinen Hexenhaus. Doch eines Tages bekommt sie eine Botschaft von Safranillo, dem Affen der Chefhexe, überbracht: Pollonia soll das nächste große Hexentreffen in ihrem Haus ausrichten. Pollonia ist begeistert, denn sie hat es gerne festlich und gerne viel Besuch. Doch ihre gute Laune verfliegt schnell, als die immerzu neidische Hexe Hiberia Majoran auftaucht und behauptet, Pollonias Haus sei zu schäbig und alt und überhaupt nicht für ein so großes Fest geeignet. Deshalb macht sich Pollonia Sorgen, ob sie wegen ihres kleinen Hauses von den anderen Hexen ausgelacht werden wird. Doch wozu ist Pollonia Hexe? So verzaubert sie ihr Hexenhaus. Erst in ein Knusperhaus, später sogar in ein Märchenschloss. Doch alle Verzauberungen haben große Nachteile. So entschließt sich Pollonia, das Fest doch in ihrem alten, aber gemütlichen Haus und Garten auszurichten. Als der große Tag kommt, sind die Hexen begeistert, vor allem die Chefhexe. Und Pollonia merkt, dass eben nicht immer das Größte zählt ...

„DER KLEINE AUFRÄUMFIX"
oder Wie man mit der Aufräumlokomotive
schnell Ordnung schafft
Susanne Szesny (Illustration),
Bärbel Spathelf (Text)
Originalausgabe
mit „Plüsch-Suchhund"
ISBN 3-930299-68-2

In Philips Zimmer herrscht totale Unordnung, so dass Philip einfach nichts mehr wiederfindet und kein Platz mehr zum Spielen da ist. Also spielt Philip lieber im Zimmer seiner Schwester und auch die Ermahnungen seiner Mutter, endlich aufzuräumen, bewirken nichts. Doch plötzlich taucht im Zimmer ein kleines Männchen auf: der Aufräumfix. Mit seinem Spürhund Spürnase hilft er den Kindern das zu finden, was sie gerade suchen oder zum Spielen brauchen, und zeigt den Kindern, wie man richtig aufräumt. Und damit auch wirklich aufgeräumt wird und Aufräumen Spaß macht, bringt der kleine Aufräumfix auch gleich eine tolle Erfindung mit: die Aufräumlokomotive! Mit ihr fährt Aufräumfix im ganzen Zimmer herum und alles wird in den Wagons eingesammelt und anschließend an seinen richtigen Platz verteilt. So ist Philips Zimmer schnell aufgeräumt und Philip findet alles wieder, was er sucht, denn nun haben ja alle Dinge feste Plätze und Aufräumen macht ab jetzt richtig Spaß.